RÉPONSES AUX QUESTIONS

SUR LES

AUTEURS PHILOSOPHIQUES

prescrits pour la seconde partie

DU

BACCALAURÉAT ÈS LETTRES

PAR L'ARRÊTÉ DU 22 JANVIER 1885

RÉPONSES AUX QUESTIONS

SUR LES

AUTEURS PHILOSOPHIQUES

prescrits pour la seconde partie

DU

BACCALAURÉAT ÈS LETTRES

PAR L'ARRÊTÉ DU 22 JANVIER 1885

par

E. DEGARD

LICENCIÉ ÈS LETTRES
PROFESSEUR DE PHILOSOPHIE

PARIS
CROVILLE-MORANT ET FOUCART
Éditeurs
20, RUE DE LA SORBONNE.
1886

AUTEURS PHILOSOPHIQUES

Prescrits par l'arrêté du 22 janvier 1885

Auteurs français

Descartes : *Discours de la méthode* ; — *Les principes de la philosophie*, livre I. — Page 53.

Malebranche : *De la recherche de la vérité*, livre II (*De l'imagination*), première partie, chap. I et V ; deuxième et troisième parties en entier. — Page 67.

Pascal : *De l'autorité en matière de philosophie* ; — *De l'esprit géométrique* ; — *Entretien avec M. de Sacy*. — Page 75.

Leibniz : *Nouveaux essais sur l'entendement humain*, avant-propos et livre I ; — *Monadologie*. — Page 84.

Condillac : *Traité des sensations*, livre I. — Page 99.

V. Cousin : Le Vrai, le Beau et le Bien, troisième partie (*le Bien*). — Page 106.

Auteurs grecs

Xénophon : *Mémorables*, livre I. — Page 5.

Platon : Le VIe livre de la *République*. — Page 11.

Aristote : *Éthique à Nicomaque*, livre X. — Page 20.

Epictète : *Manuel*. — Page 29.

Auteurs latins

Lucrèce : *De natura rerum*, livre V. — P. 34.

Cicéron : *De natura deorum*, livre II ; — *De officiis*, livre I. — Page 37.

Sénèque : *Lettres à Lucilius* (les seize premières). — Page 47.

AUTEURS GRECS

Xénophon

(445-355)

Quelques mots sur la vie de Xénophon ? — Né à *Erchie*, près d'Athènes, 445. De très bonne heure disciple de *Socrate* ; sauvé par lui à la bataille de *Delium*, 424. S'engage, 401, dans l'armée de Cyrus le Jeune contre Artaxerxès II, avec un corps d'auxiliaires grecs ; après Cunaxa, commande la Retraite des Dix mille (*Anabase*). Revenu à Athènes, 399, proteste contre la mort de son maître, et se retire à Lacédémone ; accusé de *laconisme*, il est exilé. Combat à *Coronée* contre Athènes, 394. Réside jusqu'à sa mort en Elide, où il compose ses ouvrages. Le décret de son bannissement est rapporté, 369 ; mais il refuse de rentrer à Athènes. Il meurt à *Corinthe*, 355.

Ses principaux ouvrages ? — 1° Ouvrages historiques : *Anabase* (Retraite des Dix mille) ; les *Helléniques*, continuation de l'histoire de Thucydide ; la *Cyropédie*, qui est moins une œuvre historique, qu'un roman philosophique et moral. — 2° Ouvrages politiques : La *République de Sparte*, et la *République d'Athènes*, deux opuscules où Xénophon compare les constitutions des deux cités. — 3° Ouvrages philosophiques : *Entretiens mémorables* ; l'*Econo-*

mique, sorte de traité de la famille ; les deux dialogues du *Banquet*, qui traite surtout de la morale, et *Hiéron*, traité des devoirs de la royauté ; l'*Apologie de Socrate*, dont l'authenticité est contestée.

Xénophon est-il un philosophe? — Xénophon n'a rien du philosophe ; esprit pratique, peu ami de la spéculation et de la science abstraite, il n'est qu'un interprète incomplet de Socrate, bien qu'il ait été son disciple pendant vingt ans : il n'a pas soupçonné la portée de la révolution intellectuelle opérée par lui. Ses ouvrages philosophiques ne nous donnent que la physionomie extérieure de son maître, ils sont insuffisants pour nous faire connaître sa doctrine. On y trouve partout « une préoccupation visible de moraliste et d'homme pratique » (A. Croiset, *Xénophon, son caractère et son talent*).

Quel est le sujet des Entretiens mémorables? — Les Ἀπομνημονεύματα (entre 384 et 380) sont un assemblage de récits, de causeries et de réflexions, où Xénophon nous montre Socrate conversant avec des interlocuteurs de tout âge, et de toute profession. « C'est l'œuvre d'un moraliste ingénieux et abondant, qui a devant les yeux un admirable modèle de sagesse et de vertu, et qui prend plaisir à en causer à cœur ouvert avec ses lecteurs, pour le faire aimer et admirer des autres autant qu'il l'aime et l'admire lui-même » (A. Croiset, *ouvr. cité*).

Quelle est la division de l'ou-

vrage ? — Les *Mémorables* sont divisés en quatre livres : — dans le 1er, nous voyons l'*Apologie* directe de Socrate : (a) il croyait aux dieux d'Athènes ; (b) loin de corrompre la jeunesse, il lui a toujours inspiré le culte de la vertu ; — le 2me traite des *vertus privées* : tempérance, piété filiale, amour fraternel, amitié ; — dans le 3me, sentiment de Socrate sur les *vertus publiques* (généraux, hommes d'État) ; quelques questions d'esthétique ; — le 4me n'est qu'un résumé des trois autres ; Xénophon revient sur la plupart des questions déjà traitées. L'ouvrage se termine par un éloge ému du philosophe qui est mort d'une mort admirable, victime de son amour pour le bien.

Division du 1er livre ? — Ce

premier livre est partagé en sept chapitres : — 1° Socrate ne mérite pas le reproche d'avoir méprisé les dieux d'Athènes, et d'avoir voulu introduire une religion nouvelle (καινὰ δαιμόνια); — 2° bien loin de corrompre la jeunesse et ses disciples, il a toujours et partout prêché l'amour de la vertu ; — 3° piété et vertu de Socrate, dans ses exemples comme dans ses préceptes ; — 4° où il démontre l'existence des dieux et leur providence ; — 5° de la tempérance, base de toutes les vertus ; — 6° Socrate réfute un sophiste, qui lui reprochait sa frugalité, sa simplicité, son enseignement gratuit ; — 7° il faut fuir l'orgueil et l'ostentation.

PLATON

(429-347)

Que savez-vous de la vie de Platon ? — Né à Athènes (21 mai 429) ; appartenait par son père à la famille de Codrus, et par sa mère à celle de Solon. Son vrai nom est Aristoclès ; Platon est un surnom de son maître de gymnastique (πλάτων, large). Sa jeunesse s'essaya avec succès dans la poésie lyrique et la poésie dramatique ; lorsqu'il eut entendu Socrate, il renonça à ces vains jeux d'esprit pour le suivre. Il avait vingt ans environ (418). Il se mit à étudier en même temps les philosophes antérieurs, surtout les Eléates et les Pythagoriciens.

Après la mort de Socrate (399), qu'il avait essayé vainement de défendre, il quitta Athènes et alla habiter quelque temps Mégare ; puis il voyagea en Egypte (393-390), et dans a Grande-Grèce, où il étudia à ses sources le pythagorisme (ses voyages en Asie n'ont jamais été prouvés). Voyage en Sicile ; reçu à la cour de Denys l'Ancien, il se brouille avec ce prince, qui le fait vendre comme prisonnier de guerre ; racheté par Annicéris, il rentre à Athènes (389-388). Il fonde alors dans les jardins d'Académus une école de philosophie (d'où le nom d'*Académie*). Il y enseigne jusqu'à la fin de sa vie, c'est-à-dire pendant près de 40 années ; cette longue période de travail recueilli fut coupée par deux nouveaux voyages en Sicile, auprès de Denys le Jeune (367-365 et 360) qui ne furent guère plus heureux que le premier. Il mourut en 347, laissant son dernier dialogue, les *Lois*, inachevé.

Quels sont les ouvrages de Platon ? — Les 13 *lettres* qu'on attribue quelquefois à Platon sont certainement apocryphes. — Les *Dialogues* sont au nombre de 35, divisés en Socratiques, Polémiques, Dogmatiques. Les principaux sont : 1° Dial. Socratiques : *Euthyphron*, *Apologie de Socrate*, *Criton*, *Protagoras*, *Phèdre*; — 2° Dial. polémiques : *Théétète*, le *Sophiste*, *Parménide*, *Ménon*, *Philèbe*; — Dial. dogmatiques : *Phédon*, *Gorgias*, le *Banquet*, *Timée*, la *République*, les *Lois*.

Quel est le sujet du dialogue de

la République? — Le titre du dialogue est περὶ πολιτείας, ou περὶ δικαίου (de la justice); ce sous-titre n'est probablement pas de Platon. Au 2e livre, Socrate indique très nettement le sujet : « Nous chercherons d'abord quelle est la nature de la justice dans les sociétés; nous l'étudierons ensuite en chaque particulier, et, comparant ces deux espèces de justice, nous verrons la ressemblance de la petite à la grande. » La justice sociale n'est en effet pour Platon que la justice individuelle agrandie, et c'est au fond un seul et même sujet.

Voici maintenant, le cadre du sujet : Socrate raconte l'entretien qu'il a eu avec Céphale et son fils Polémarque, avec Glaucon, Adimante et Thrasymaque.

Analyser le dialogue de la République? *Liv. I.* — Éloge de la vieillesse de Céphale et de ses vertus. — Socrate explique comment il conçoit la justice.

Liv. II. — Apologie de l'injustice par Glaucon et Adimante. — Socrate montre que le modèle de la justice est dans l'État. — De l'éducation: gymnastique, musique, religion; dangers des fictions poétiques.

Liv. III. — De l'éducation (suite): comment elle doit former les diverses castes des citoyens. — Rapports des classes entre elles. — Les guerriers ne peuvent être propriétaires.

Liv. IV. — Les guerriers doivent se sacrifier ainsi à l'intérêt général. — De l'harmonie dans l'État, essence de la justice; la justice est une.

Liv. V, VI, VII. — Socrate explique comment la communauté des biens et des femmes dans la classe des guerriers peut être profitable à l'État, en maintenant en lui l'unité. — Quant aux magistrats, ils doivent être d'abord philosophes (distinction des philosophes et des sophistes), puis guerriers ; à 50 ans seulement, ils pourront gouverner.

Liv. VIII. — Socrate montre ce qu'est la justice dans les cités imparfaites : Aristocratie, oligarchie, démocratie, tyrannie. — Transformations de ces formes de gouvernement les unes dans les autres.

Liv. IX. — Opposition de la tyrannie (la pire forme de gouvernement), et de la royauté (gouvernement juste par excellence).

Liv. X. — Retour sur les dangers de la poésie. — Le dialogue se termine par des considérations sur l'immortalité de l'âme; mythe d'Er l'Arménien.

Analyser le sixième livre de la République? Le sujet est celui-ci : Les philosophes sont les seuls hommes vraiment dignes de gouverner. Voici comment le livre est divisé : — 1° Les philosophes sont à la fois les plus instruits, les plus vertueux, les plus dignes et les plus recommandables par leur caractère. — 2° Adimante objecte que les philosophes sont souvent bizarres et trop peu pratiques. — Socrate répond : (a) ceux qui les jugent ainsi sont ceux qui dédaignent leurs lumières par orgueil; (b) il y a de faux philosophes; (c) la mauvaise éducation détourne vers le mal bien des âmes qui eussent été grandes et fortes : aussi les vrais philosophes sont rares ; (d) les quelques hommes d'élite qui pourraient rendre des services, dégoûtés et découragés, se désintéressent des affaires publiques. Que le gouvernement soit ce qu'il doit être, et l'on verra la place qu'y tiendront les philosophes. — 3° Lorsque la multitude aura appris à connaître et à apprécier ces hommes toujours appliqués à contempler l'ordre divin des choses, elle se soumettra à eux ; les chefs d'État doivent avoir de leur côté l'amour de la philosophie. — 4° Les magistrats devront donc être formés par la science du *Bien*. Le Bien est le soleil du monde intelligible, la lumière de l'intelligence. — 5° Distinction du monde sensible, connu par la *conjecture* (εἰκασία) et la *croyance* (πίστις) formant ensemble l'*opinion* ; — et du monde intelligible, connu par le *raisonnement* (διάνοια), et l'*intuition immédiate* (νόησις), qui sont les deux degrés de la *science* véritable (ἐπιστήμη).

Apprécier les idées de Platon sur le gouvernement ? — La politique de Platon, en général, est la partie la plus conjecturale de sa doctrine ; ses vues sont très-belles et très-élevées, mais par son assimilation exagérée de la politique à la morale, il reste dans un domaine idéal où les applications sont à peu près impossibles ; en second lieu, il laisse trop peu de place à l'individu au profit de l'absolutisme de l'Etat; ensuite, sa classification des formes de gouvernement (aristocratie, timocratie, oligarchie, démocratie et tyrannie) manque de netteté, et la division d'Aristote (monarchie, aristocratie, république) est bien préférable; — enfin, le gouvernement par les philosophes est malheureusement une pure chimère.

ARISTOTE

(384-322)

Résumer la biographie d'Aristote? — Né à *Stagire* (Thrace), 384; fils de Nicomaque, médecin d'Amyntas II, roi de Macédoine. Arrive à

Athènes à 17 ans, en 367, et y suit les leçons d'Isocrate et de Platon; surnommé par son maître ἀναγνώστης (liseur), et νοῦς διατριβῆς (intelligence de l'Ecole); reste son disciple jusqu'à sa mort (347). Il se rend alors en Asie Mineure, auprès de son ancien disciple Hermias, tyran d'Atarné, dont il épouse la fille. Hermias est assassiné en 345, et Aristote se retire à Mitylème. Deux ans après (343), Philippe de Macédoine l'appelle auprès de lui, pour faire l'éducation de son fils Alexandre, âgé de treize ans. Lorsque son royal élève arrive au trône, Aristote rentre à Athènes (336), et y fonde dans le gymnase du *Lycée* l'Ecole *péripatéticienne*, ainsi appelée parce qu'il donnait son enseignement en se promenant (περίπατος).

Il continue de correspondre avec Alexandre, qui lui envoie, avec des sommes considérables pour sa bibliothèque, des plantes, des animaux rares..., pour son *Histoire naturelle*. A la mort d'Alexandre (323), Aristote, accusé d'impiété par le parti anti-macédonien, quitte Athènes, et se retire à *Chalcis* (Eubée), où il meurt (322).

Quels sont le principaux ouvrages d'Aristote? Aristote distingue les sciences en *théorétiques* (ou spéculatives), et *pratiques*, subdivisées en *morales* et *poétiques*. Nous adopterons cette classification :

1° (a). Ouvrages de physique : *Physique* (8 livres), *Traité du Ciel*, *Météorologie*, *Traité des Plantes*, *Histoire des animaux* (10 livres) ;

— (b). Ouvrages de psychologie : *Traité de l'âme* (3 livres); *du Sommeil et de la Veille, des Rêves et de la Divination par le sommeil, de la Longévité et de la Brièveté de la vie, de la Vie et de la Mort; de la Sensation, de la Mémoire*, etc.; — (c). Ouvrages de métaphysique : (ce que nous appelons *métaphysique* est appelé par Aristote *Philosophie première* et *Théologie*; le mot de *métaphysique*, τὰ μετὰ τὰ φυσικά, est d'un commentateur); l'ouvrage est partagé en 14 livres.

2° *Ethique à Nicomaque* (10 livres); *Morale à Eudème*; *Grande Morale*; *Politique* (8 livres).

3° *Rhétorique*; *Poétique*. Les traités de logique composent l'Ὄργανον; ils sont au nombre de six : les *Caté-*

gories, l'*Interprétation*, les *Premiers analytiques* (syllogisme), les *Seconds analytiques* (démonstration), les *Topiques* (dialectique), les *Réfutations des sophismes*.

Résumer la morale d'Aristote? — Elle repose tout entière sur l'idée de la *finalité* propre à la nature humaine. Tout être a une *fin*, qui est en même temps un *bien* ; or, la fin et le bien, par conséquent, de l'homme c'est le *bonheur*, consistant, non dans le plaisir, ni dans les richesses, mais dans l'exercice de ce qui est la fonction propre de sa nature, l'*activité de l'âme dirigée par la vertu*. Or la vertu a pour conditions la *réflexion* et la *détermination libre* ; la vertu est une habitude (une seule hirondelle ne fait pas le printemps), et elle est un juste milieu (μεσότης). Cependant la vertu ne suffit pas à constituer le bonheur; les biens que les d'eux nous envoient (santé, considération, etc.) y contribuent; mais la vertu en reste l'élément essentiel, et elle est déterminée par l'homme vertueux, qui seul peut être ici bon juge. Distinction des vertus pratiques et des vertus *intellectuelles*, les unes produit de l'habitude, les autres formées par l'intelligence; ces dernières sont les plus précieuses.

On peut reprocher à la morale d'Aristote d'être bien plus esthétique qu'obligatoire; elle n'est réalisable que pour une aristocratie privilégiée, et ne repose pas sur l'obligation universelle.

Indiquer rapidement le con-

tenu de l'Ethique à Nicomaque? — Voici les titres des dix livres de l'ouvrage : **1°** *Du bien et du bonheur*; **2°** *Théorie de la vertu*; **3°, 4°** *et* **5°** *Conditions de la moralité de l'acte. Enumération des diverses vertus. Théorie de la justice*; **6°** *Théorie des vertus intellectuelles*; **7°** *De l'intempérance. Du plaisir*; **8°** *et* **9°** *De l'amitié*; **10°** *Du plaisir et du bonheur.*

Analyser le Xe livre? — Ch. I. Les avis sont bien partagés sur la nature du plaisir; quelques philosophes le considèrent comme un bien, d'autres comme un mal. — Ch. II. Théorie d'Eudoxe : la volupté est le souverain bien. Discussion des quatre arguments d'Eudoxe. — Ch. III. Autres objections empruntées aux platoniciens (probablement Speusippe) contre la thèse d'Eudoxe. Conclusion : la volupté n'est pas le souverain bien ; toute volupté n'est pas désirable. — Ch. IV. Nature du plaisir, selon Aristote : il n'est ni un *changement,* ni un *devenir*, il est l'achèvement actuel de l'acte. — Ch. V. Différentes espèces de plaisirs, vertueux ou vicieux, selon la nature des actes auxquels ils se rapportent. Le vrai plaisir, celui qui est propre à l'homme, est celui qui achève l'acte propre à l'homme, c'est le plaisir de l'homme de bien. — Ch. VI. Du bonheur. Il consiste dans une activité (ἐνεργεία) spéciale de l'âme, qui se suffit à elle-même ; donc on ne doit pas le chercher dans de vains amusements. L'homme vertueux seul est juge du bonheur. — Ch. VII. Le bonheur étant l'acte de la partie la meilleure de nous-même, consiste dans la contemplation philosophique. — Ch. VIII. Ce bonheur suprême n'exclut pas cependant les vertus pratiques, lesquelles peuvent nous donner un bonheur moins élevé, mais pourtant appréciable ; elles sont subordonnées aux vertus intellectuelles. — Ch. IX. Des conditions extérieures et accessoires du bonheur (santé, bien-être, etc.) ; elles doivent être réduites à l'indispensable. — Ch. X. La théorie est impuissante à former seule l'homme vertueux ; il faut encore la pratique : éducation, enseignement. Rôle de la législation (ce chapitre est à la fois la conclusion de la *Morale à Nicomaque*, et une transition à la *Politique*).

ÉPICTÈTE.

(Ier siècle après Jésus-Christ).

Que savez-vous d'Epictète ? — Né à *Hiéropolis* (Phrygie). Son vrai nom est inconnu ; Épictète est un surnom (ἐπίκτητος, *esclave*). Il fut pendant plusieurs années esclave d'Épaphrodite, affranchi et garde particulier de Néron ; son maître le faisant un jour torturer, lui cassa la jambe, et il se contenta de dire : « Ne t'avais-je pas dit que tu allais la casser ? »

Encore esclave, il avait suivi les leçons de Musonius Rufus ; une fois affranchi, il resta à Rome, et y professa la philosophie. Banni de l'Italie avec tous les philosophes, par l'édit de Domitien (90 ap. J.-C.), il se retira à *Nicopolis*, en Épire, où il continua d'enseigner jusque sous le règne d'Adrien. — Sa pauvreté était proverbiale : il ne fermait jamais la porte de sa maison, n'ayant rien, disait-il, à craindre des voleurs. Sa personne inspirait une telle vénération qu'à sa mort un de ses admirateurs acheta 3,000 drachmes (2160 fr.) la lampe de terre qui, avec son grabat, composait tout son mobilier.

Il n'a rien laissé d'écrit. *Arrien*, son disciple, de Nicomédie (Bithynie), publia ses *Discours* (διατριβαί) en 8 livres, — il n'en reste que quatre, — et tira de sa doctrine quelques maximes essentielles dont il composa le *Manuel* (ἐγχειρίδιον). — Les dates exactes de sa naissance et de sa mort sont inconnues.

Quels sont les traits particuliers de la doctrine d'Épictète? — 1° La philosophie se réduit, pour lui, presque à la seule Morale; 2° il semble parfois reconnaître à Dieu une certaine personnalité, il l'appelle Providence; 3° on lui attribue la distinction si belle et si profonde des choses qui dépendent de nous et des choses qui ne dépendent pas de nous; 4° de tous les philosophes stoïciens, c'est lui qui exagère le plus l'impassibilité.

On peut lui reprocher, comme à toute la morale stoïcienne, de fausser la notion de la liberté humaine, et de s'adresser seulement à une élite d'âmes, à une aristocratie : ce n'est pas une morale universelle.

Qu'est-ce que le Manuel d'Epictète? — Le *Manuel* n'est pas d'Epictête ; c'est un assemblage de sentences et de maximes morales, recueillies dans ses conversations par son disciple Arrien, et réunies pour donner, en un résumé substantiel, l'essentiel de sa doctrine. — Ces maximes ne forment pas un ordre suivi ; ce sont des articles détachés, mais dominés tous par une seule et même idée, la conservation de la dignité de l'âme humaine, et son perfectionnement. Vivre vertueux et libre, voilà la vie propre à l'homme, celle que réalise le sage ; mais la liberté ne consiste pas dans une détermination indépendante, elle n'est que l'acquiescement réfléchi à la nécessité. « Ne demande point que les choses arrivent comme tu les désires, mais désire qu'elles arrivent comme elles arrivent, et tu seras toujours heureux » (VIII). Cette pensée, si nettement et si fortement exprimée, pourrait être l'épigraphe du *Manuel.*

On peut comparer le *Manuel* aux *Entretiens mémorables.* C'est par le soin pieux, en effet, de disciples dévoués qu'il nous est resté quelque chose de l'enseignement de Socrate et d'Epictète. Epictète, en effet, très-probablement n'avait rien écrit ; du moins, il n'est rien resté de lui.

AUTEURS LATINS

LUCRÈCE

(98-55 av. J.-C.)

Que savez-vous de la vie de Lucrèce? — Né à *Rome*, vers 98; était d'une famille équestre. On connaît peu sa vie; on suppose qu'il étudia à Athènes pendant plusieurs années la philosophie épicurienne, et qu'il composa, à son retour, son poème *De rerum natura*, dédié à son ami C. Memmius, épicurien pratiquant et enthousiaste. Diverses légendes ont cours sur sa vie et sa mort; elles sont toutes de pures hypothèses.

Analyser rapidement le poème de Lucrèce? — Le but que se propose Lucrèce est le même que celui d'Epicure : rendre les hommes heureux, et pour cela les arracher par la science à toutes les superstitions (intervention des dieux dans le gouvernement du monde, vie future, etc.). — Son poème *De rerum natura* comprend 6 livres :

1° Le monde se suffit à lui-même avec les atomes et le vide ; illusions trompeuses de la religion. — **2°** Théorie générale des atomes. — **3°** Nature matérielle de l'âme ; son union intime avec le corps. — **4°** Théorie de la connaissance ; les idées-images. Phénomène du sommeil. — **5°** Cosmogonie générale. Formation des sociétés humaines. — **6°** Explication des météores. Description de la peste d'Athènes.

Analyser le Ve livre? — On peut le diviser en plusieurs parties : 1° V. 1-90. Eloge d'Epicure ; services qu'il a rendus aux hommes, en les délivrant des vaines terreurs de la superstition. — 2° V. 91-147. Rien dans le monde n'est divin : il n'y a que de la matière, éphémère et périssable. — 3° V. 148-235. Les dieux vivent en dehors du monde; ils n'ont pu même créer le monde, qui est indigne de leur nature parfaite et souveraine. — 4° V. 236-325. L'univers a commencé, il s'est formé par l'assemblage des éléments : changements perpétuels dans les combinaisons des atomes. — 5° 326-416. L'univers est destiné à périr ; il est en proie à un travail incessant de destruction. — 6° V. 417-510. Donc le monde n'est pas la réalisation d'un plan préconçu; il est le résultat de combinaisons successives, de mieux en mieux adaptées. — 7° 511-777. Lois des mouvements du monde, explication du monde planétaire. — 8° 778-1010. Naissance de la nature animée : les plantes, les animaux, l'homme. — 9° 1011-1238. Formation de la vie sociale; origine du langage, de la propriété, des gouvernements, des lois, de la religion. — 10° 1239-*fin*. L'Industrie et les Arts.

CICÉRON
(106-43 av. J.-C.)

Résumer brièvement la vie de

Cicéron ? — Né à *Arpinum*, en 106, d'une famille équestre, mais obscure. A 10 ans, il suit à Rome les leçons des maîtres les plus illustres : les orateurs Crassus, Antoine, Cotta, Hortensius, les philosophes Phèdre (épicurien) et Philon (académicien). Après son courageux plaidoyer pour Roscius d'Amerie (son début oratoire), il va à Athènes, où il reste 3 ans ; ses relations avec Atticus ; il suit les leçons de Zénon (épicurien), d'Antiochus (stoïcien), voyage en Asie, à Rhodes (Posidonius). Retour à Rome, en 78; questeur, propréteur en Sicile (plaidoyers contre Verrès) ; puis édile, préteur urbain, consul (63 : conjuration de Catilina). Attaques de Clodius ; exil en Macédoine, pendant un an et demi ; rentrée triomphale à Rome.

Gouverneur de Cilicie (Imperator). Partisan de Pompée dans la guerre civile; il le rejoint en Epire. Après Pharsale, après la perte de sa fille Tullia, Cicéron se livre tout entier à la philosophie, dans sa retraite de Tusculum. Après le meurtre de César, il se déclare pour Octave (Philippiques contre Antoine) ; Antoine, devenu triumvir, le fait assassiner à *Gaëte*, en 43.

Principaux ouvrages philosophiques de Cicéron? — Ils sont une partie considérable de son œuvre ; Plutarque lui fait dire : « Je suis philosophe avant tout ;.. la philosophie a été le but de toutes mes actions. » On classe en trois groupes ses ouvrages : 1° Philosophie proprement dite : Les *Académiques* (2 livres sur 4) ; — les

Tusculanes (5 livres); — les *Vrais biens et les vrais maux* (5 livres); — *de la Nature des Dieux* (3 livres); — *la Divination* (2 livres); — 2° Philosophie morale : *De l'amitié*; — de *la Vieillesse*; — *des Devoirs* (3 livres). — 3° Philosophie politique : *Des Lois* (3 livres sur 6); — *la République* (incomplet). — Il reste d'autres fragments importants (*De Fato, de Auguriis*,... etc.); plusieurs traités (*De Virtutibus, de Consolatione.... etc.*) sont perdus.

Que savez-vous sur la philosophie de Cicéron? — Cicéron n'a pas de doctrine bien arrêtée; ce n'est guère un *philosophe*, mais un *écrivain philosophique*; toute son ambition, en effet, a été de faire connaître et goûter aux Romains ce qu'il y a de plus beau dans la philosophie grecque. Il a étudié toutes les doctrines, sans s'attacher à aucune; aussi sa philosophie est-elle un éclectisme, où domine pour la logique le probabilisme académique, pour la psychologie et la morale les doctrines stoïciennes.

I. — **Analyse rapide du Traité des Devoirs?** — Le chef-d'œuvre de la philosophie morale de Cicéron est l'un de ses derniers ouvrages philosophiques, adressé à son fils Marcus. [Le fils de Cicéron donna dans sa jeunesse de belles espérances; mais envoyé à Athènes après la mort de Pompée, pour y terminer ses études, il y mena une vie dissipée : son père le ramena bientôt par de sages conseils. A vingt ans, il servit dans l'armée de Brutus, puis dans celle de S. Pompée en Sicile. Rentré à Rome sous le triumvirat, il se retira dans la vie privée; sous Auguste, il fut augure, puis consul; plus tard, il fut proconsul en Syrie]. Trois livres : 1° De l'Honnête; 2° de l'Utile; 3° Comparaison de ces deux motifs d'action. — Cicéron y traite familièrement de la morale, à un point de vue tout pratique; il ne prétend pas donner une science morale complète. — Composé après la mort de César, en 44. — Doctrine empruntée à la morale stoïcienne; repose sur la loi naturelle.

Analyser le 1er Livre? — 1° Introduction (ch. I-III). Objet de l'ouvrage dédié à son fils : l'étude des différents devoirs de la vie. Opposition de la morale épicurienne (plaisir), et de la morale stoïcienne (honnête) :

Cicéron suivra librement cette dernière. Division de l'ouvrage. — 2° (ch. IV-VI). Théorie générale de l'honnête. Ses quatre formes : *sagesse* (vertu spéculative), *justice*, *courage*, *tempérance* (vertus pratiques). — 3° (ch. V-VII). De la *sagesse*; ses conditions. — 4° (ch. VII-XIX). De la *justice* (ch. XIV-XIX) de la *bienfaisance*. Ce sont les vertus *sociales*. — 5° (ch. XIX-XXVII). Du *courage* : il doit être uni à la justice. — 6° (ch. XXVII-XLIII). De la *tempérance* ou *bienséance* ; applications du principe de la bienséance dans les diverses circonstances de la vie. — 7° (ch. XLIII-XLV). Conflits des devoirs. Règle : choisir toujours le parti le plus honnête.

II. — **Indiquer la division du**

Traité de la nature des Dieux? — Dialogue entre trois philosophes sur la nature de Dieu. Trois livres : — 1° L'épicurien Velleius attaque les autres doctrines sur les Dieux, et expose la théorie d'Epicure. Réponse de l'académicien Cotta. — 2° Balbus, philosophe stoïcien, expose sur ce sujet la doctrine du Portique. — 3° Cotta réfute Balbus. Velléius semble convaincu par Cotta, Cicéron trouve plus vraisemblables les raisons de Balbus.

Analyser le 2° livre. — 1° (Ch. I-XVI). *Preuves de l'existence d'un Dieu, souverain du monde* : — (a) spectacle de l'univers sensible ; — (b) divination ; — (c) croyance universelle et innée (Cléanthe : divination, fécondité de la terre, prodiges, ordre de l'univers ; — Chrysippe : harmonie du monde, l'univers assez beau pour être le séjour des dieux, l'âme humaine émanation de l'âme divine); — (d) le monde est parfaitement bon et beau, donc il a la raison et la sagesse ; il y a dans l'univers une âme divine; — (e) le feu, source de la chaleur répandue par tout le monde; — (f) ce feu est doué de sentiment et de raison, donc il est vertueux, donc il est Dieu; — (g) les astres sont des dieux. — 2° (ch. XVII-XXVIII). *La nature des dieux*. Fausses conceptions des dieux (anthropomorphisme) : Natures particulières bienfaisantes divinisées (Cérès, Bacchus); vertus divinisées; héros divinisés; éléments de la nature divinisés (Saturne, Apollon, Diane). Il n'y a qu'un Dieu, répandu dans l'univers; *les dieux* sont ses différentes manifestations. — 3° (Ch. XIX-LIII). *De la providence des Dieux sur l'univers.* (a) Si les dieux existent, le monde est gouverné par leur sagesse. — (b) La nature est une force intelligente ; — 4° Les merveilles du ciel et de la terre ne peuvent être l'œuvre du hasard. — 5° (Ch. LIV-LXVI. *Providence des dieux sur l'homme.* — (a) Ni la structure de notre corps, ni les facultés de notre âme, ne sont l'effet du hasard. — (b) Le monde a été formé pour les dieux et les hommes. — (c) Les dieux nous avertissent par la divination ; — (d) la Providence veille sur tous les hommes.

On a souvent reproché à Cicéron l'idendification stoïcienne de Dieu et du monde, et une doctrine très vague sur la Providence.

SÉNÈQUE

(2-68 apr. J.-C.)

Vie de Sénèque? — Lucius Annœus Seneca, né à *Cordoue*, 2 ans apr. J.-C.; élevé de bonne heure à Rome par son père, Sénèque le rhéteur; il se livre aussi à l'étude de la philosophie, et suit les leçons des stoïciens Photin et Attalus, du pythagoricien Sotion, de Démétrius le Cynique. Il pratique les austérités stoïciennes, l'abstinence pythagoricienne; mais son père le détourne de la philosophie, et le fait débuter au barreau; ses succès excitent la jalousie de Caligula. Il voyage alors en Egypte, puis, de retour à Rome, il devient questeur; en même temps il ouvre une école de philosophie. Exilé par Claude, à l'instigation de Messaline en 41, il séjourna en Corse huit ans (*Consolation à sa mère Helvia*; l'authenticité de la *Consolation à Polybe* est très contestée). Rappelé en 49 par Agrippine, devenue la femme de Claude, il est nommé préteur et précepteur de Néron. Difficultés de ses fonctions; ses immenses richesses; il devient ministre de Néron; sa tolérance, sa complaisance même pour les crimes de son élève (meurtre d'Agrippine); il essaie trop tard de se retirer de la cour. Néron prend prétexte de la conjuration de Pison pour lui ordonner de se donner la mort; il s'ouvre les veines et répare, par le courage de ses derniers moments, le manque de dignité de sa vie. — Les rapports de Sénèque avec saint Paul n'ont jamais été démontrés.

Quels sont les principaux ouvrages de Sénèque? *Lettres à Lucilius*; — *De ira* (3 livres); — *Consolatio ad Helviam*, *Consol. ad Marciam*; — *De tranquillitate animi*; — *De clementia*; — *De brevitate vitæ*; — *De vita beata*; — *De beneficiis* (7 livres); — *Quæstiones naturales* (7 livres). — Dix tragédies; l'*Apocolokyntosis*.

Qu'est-ce que les lettres à Lucilius? — Les 124 lettres à Lucilius forment un véritable enseignement pratique de morale (Lucilius, chevalier, avait été procurateur en Sicile; dégoûté de la vie publique, il demande à Sénèque des conseils pour se consacrer exclusivement à la philosophie).

Indiquer le sujet des 16 premières lettres ? — **1.** Il faut savoir ménager son temps, qui est le plus grand bien que nous ait donné la nature. — **2.** De même qu'il ne faut pas être sans cesse en voyage, de même il ne faut pas lire toujours en courant, et sans se donner le temps de méditer. — **3.** Le vrai fondement de l'amitié est la confiance. — **4.** Le vrai philosophe ne doit pas craindre la mort : c'est le but de toute vie. — **5.** Le philosophe doit viser à la perfection intérieure, non à la singularité extérieure. — **6.** La véritable amitié ne peut exister qu'entre des personnes qui recherchent ensemble la vertu. — **7.** Le sage doit vivre loin de la foule ;

les spectacles populaires sont des écoles de cruauté. Les sages doivent se rechercher exclusivement les uns les autres. — **8.** La retraite n'est pas l'oisiveté ; elle doit être le recueillement du philosophe qui travaille pour l'humanité. — **9.** Quoique le vrai sage se suffise à lui-même, il a cependant besoin d'amis, pour avoir quelqu'un à secourir et à aimer. — **10.** La retraite n'est avantageuse que pour le sage ; pour l'homme dominé par ses passions, elle ne peut que le pousser au mal. — **11.** Il y a des défauts naturels que la sagesse peut atténuer, mais non faire disparaître : on peut y remédier en prenant pour modèle un homme de bien, et s'efforçant de lui ressembler. — **12.** La mort ne doit pas nous donner de tristes pensées ;

elle ne frappe pas plus les vieux que les jeunes. — **13.** La philosophie nous apprend à supporter courageusement la mauvaise fortune, et à ne pas nous inquiéter de l'avenir. — **14.** Nous devons prendre soin de notre corps, parce que nous ne pouvons vivre sans lui ; nous devons éviter la pauvreté, la maladie, la violence des grands, et pour cela vivre dans la sobriété et la modération des désirs. — **15.** Nécessité des exercices du corps. — **16.** La vraie philosophie indispensable pour fortifier nos âmes. — [N. B. La plupart de ces lettres se terminent par une maxime pratique, que Sénèque confie à la méditation de Lucilius].

AUTEURS FRANÇAIS

DESCARTES

(1596-1650)

Que savez-vous de la vie de Descartes ? — René Descartes, né en 1596 à *La Haye* (Touraine), d'une famille noble du Poitou ; fait ses études chez les Jésuites de La Flèche (1604-1612), et passe ses examens de droit (1616). Mécontent des docteurs et des livres, il se résout à « ne plus chercher la science qu'en lui-même ou dans le grand livre du monde » ; il s'engage donc en 1617 au service du prince Maurice de Nassau, puis (1619) du duc de Bavière ; c'est dans l'hiver de 1619, que, « enfermé dans un poêle » et tout entier à ses méditations, il commence à jeter les fondements de sa philosophie. En 1622, il renonce au métier des armes, et voyage en Pologne, en Allemagne, en Italie, pour s'instruire. Revenu à Paris (1625), il y passe deux ans; il y retrouve un ancien camarade de La Flèche, devenu religieux Minime, le R. P. Mersenne, et se lie avec le jeune Mydorge, neveu du président Lamoignon. Il assiste (1628) au siège de La Rochelle. Il retourne à Paris, où ses parents et ses amis essaient de le retenir ; mais n'y trouvant pas la tranquillité et la solitude dont il a besoin, il part pour la

Hollande, où il séjournera 20 ans, cachant sa retraite à tout le monde, et ne correspondant qu'avec le P. Mersenne. Il eut à soutenir une lutte ardente contre Voët, recteur de l'Université d'Utrecht, qui l'avait accusé d'athéisme, et fut sauvé à grand peine d'une condamnation. En 1649, il céda aux sollicitations de la reine Christine de Suède, qui l'appelait à Stockholm, et y mourut (février 1650) des rigueurs du climat. Son corps fut rapporté en France seulement en 1667, et déposé dans l'Eglise Saint-Etienne-du-Mont ; il repose aujourd'hui, depuis 1819, dans l'Eglise Saint-Germain-des-Prés.

Quels sont les principaux ouvrages de Descartes? — En 1637, *Discours de la méthode pour bien* *conduire sa raison et chercher la vérité dans les sciences*, avec la *Dioptrique* et les *Météores* (Leyde, en français). — En 1641, à Paris, *Meditationes de prima philosophia, ubi de Dei existentia et animæ immortalitate* (traduction française par le duc de Luynes, revue par Descartes en 1647). — En 1644, à Amsterdam, *Principia philosophiæ*; (traduction française en 1647). — En 1650, à Amsterdam, *Traité des passions humaines*. — En 1677, *Traité du monde* ou *de la Lumière*. — En 1667, *Lettres*, publiées par son disciple Clerselier. — En 1701, dans une édition posthume (Amsterdam), *Regulæ ad directionem ingenii*.

I. — **Analyser le discours de la méthode ?** — Descartes publia en

1637 le *Discours de la méthode pour bien conduire sa raison et chercher la vérité dans les sciences, plus la Dioptrique, les Météores et la Géométrie, qui sont des essais de cette méthode.*

PREMIÈRE PARTIE. — *Diverses considérations touchant les sciences.* — Le bon sens est la chose du monde la mieux partagée ; mais « il ne suffit pas d'avoir l'esprit bon, le principal est de l'appliquer bien. » D'où l'importance de la méthode; c'est à la méthode que Descartes doit les progrès qu'il a faits dans les sciences. — Il raconte ses études à la Flèche : sans méconnaître l'utilité et la valeur de ce qu'il a appris, Descartes déclare qu'il n'y a pas trouvé la vérité dont son esprit avait besoin. Il pensa alors à la chercher « dans le grand livre du monde » : il n'arriva ainsi qu'à se débarrasser de quelques préjugés ; enfin il résolut d'étudier en lui-même : c'est cette troisième tentative qu'il va raconter. On en jugera par les résultats.

Deuxième partie. — *Principales règles de la méthode.* — Les ouvrages entrepris par un seul homme ont plus de perfection que ceux où plusieurs ont travaillé ; c'est pourquoi Descartes a entrepris de refaire tout seul l'édifice de ses connaissances, en en faisant la critique. — *Doute méthodique* : il doit se borner à la spéculation ; qu'il est un procédé dont tout le monde ne peut user. — Pour refaire ainsi la science, Descartes s'est donné une méthode : pourquoi il ne s'est servi ni du syllogisme, ni de l'analyse des géomètres. Il a adopté quatre règles : 1° prendre pour marque de la vérité l'évidence ; 2° diviser les difficultés pour les mieux résoudre ; 3° conduire par ordre ses pensées, supposant même de l'ordre là où il n'en apparaît pas naturellement ; 4° faire toujours des dénombrements entiers et des revues générales. — Succès de cette méthode en mathématiques ; Descartes a voulu attendre à un âge plus avancé pour l'appliquer à la philosophie.

TROISIÈME PARTIE. — *Quelques règles de morale tirées de cette méthode.* — Mais jusqu'à ce que l'édifice soit reconstruit, il faut un abri provisoire, d'où la morale « par provision ». Quatre maximes : 1° suivre les lois de mon pays, garder ma religion, me conformer aux opinions les plus modérées ; 2° être ferme dans mes actions (cf. le précepte d'Horace : *sibi constet*) ; 3° tâcher toujours à me vaincre plutôt que la fortune (cf. stoïciens) ; 4° regarder comme l'occupation la meilleure celle de cultiver ma raison. — Cependant il continue, à sa grande satisfaction, d'appliquer sa méthode. Ses voyages pendant neuf ans. Enfin il va chercher une retraite absolue en Hollande.

4e partie. — Raisons par lesquelles on prouve l'existence de Dieu et de l'âme humaine, qui sont les fondements de la métaphysique. Descartes rejette le témoignage de ses sens, les démonstrations, ses propres pensées, pour trouver une base solide : il la trouve dans son doute même (*Cogito ergo sum*). *Toute l'essence* de l'âme *est de penser*; l'âme est plus aisée à connaître que le corps. La certitude de son existence lui est donnée par l'*évidence*. — L'imperfection de son être implique la perfection d'un Être suprême. Trois preuves : 1° par l'idée du parfait ; 2° nécessité d'un créateur ; 3° la perfection implique l'être (cf. Saint-Anselme). — Dieu étant parfait, ne peut vouloir nous tromper (*véracité*) ; donc l'idée que j'ai du monde extérieur correspond à une réalité. — Véracité divine, criterium suprême.

5° *partie*. — *Ordre des questions de physique, et particulièrement explication du cœur, etc.* Descartes avait tenté, dans le *Traité du monde ou de la Lumière*, de donner une théorie de l'univers ; raisons qui l'ont empêché de publier son ouvrage (condamnation de Galilée). Pour éviter toute discussion, il parle seulement d'un monde imaginaire tel que Dieu le formerait, s'il créait à nouveau de la matière et du mouvement ; Descartes croit prouver que cette matière devrait former de nouveaux cieux, un nouveau soleil, etc. — Puis il passe à la question de la vie : elle n'est qu'un mécanisme, on peut s'en convaincre par les mouvements du cœur. Automatisme des bêtes. — L'âme raisonnable, au contraire, est d'une autre nature que la matière ; donc elle ne doit pas périr avec le corps, elle est immortelle.

6e *partie. — Quelles choses sont*

requises pour aller plus avant en la recherche de la nature. — Descartes voulait publier le *Traité de la Lumière* pour répandre les vérités qu'il avait découvertes, et qui pouvaient servir à de nombreuses applications; grandeur du développement des sciences; services que peut rendre en particulier la médecine. Pour faire faire aux sciences ces progrès, les expériences sont nécessaires; mais il faut beaucoup de travail et beaucoup d'argent, et Descartes demande à être aidé.

Il a renoncé cependant à publier son livre, parce qu'il a craint des controverses qui lui eussent pris beaucoup de temps; de plus, il a réfléchi que d'autres que lui ne pouvaient guère continuer ses découvertes. Il a pris le parti toutefois de publier avec le *Discours de la Méthode*, la *Dioptrique* et les *Météores*, pour faire entendre à ceux qui travaillent pour l'humanité, qu'il a besoin de leur aide.

Descartes termine en disant qu'il a écrit son livre en français, croyant par là ne déplaire à aucun, et être utile à plusieurs.

II. — **Qu'est-ce que les *Principes de la Philosophie* de Descartes?** — Les *Principia Philosophiæ* (en latin), publiés à Amsterdam 1644, sont dédiés à la Princesse Elisabeth (fille de Frédéric, roi de Bohême et électeur comte palatin). Ils furent traduits (1647-1658) par l'abbé Picot, ami de Descartes.

Dans la *Lettre* à l'abbé Picot qui

sert de Préface, Descartes nous indique son dessein : La philosophie et la connaissance tout entière doivent être déduites des premières causes, il faut donc commencer par rechercher ces *principes* de la science. Les principes doivent être : *évidents* par soi, *nécessaires* à toute connaissance ; les *déductions* tirées de ces principes doivent être absolument « *manifestes.* »

Les *Principes* sont divisés en quatre parties : 1° *Des Principes de la connaissance* ; 2° *Des Principes des choses matérielles* ; 3° *Du Monde visible* ; — 4° *De la Terre.*

Analyser la première partie des Principes ? — C'est donc une exposition de la métaphysique cartésienne : la doctrine ne diffère de celle du *Discours* que sur quelques points de détail ; mais la méthode d'exposition est tout autre, le style est plus sec et plus didactique, par cela même plus rigoureux.

Cette première partie peut se diviser en quatre sections : 1° (paragr. 1-7). Du doute méthodique ; de sa nécessité comme préliminaire de la connaissance ; qu'il ne faut point en user pour la conduite de nos actions. — 2° (Paragr. 8-12). De la connaissance de l'âme (plus facile à connaître que le corps) ; — (Paragr. 13-28) ; démonstration de l'existence de Dieu. — 3° (Paragr. 29-74). Théorie de l'erreur. Quatre causes de nos erreurs : (a). Préjugés de l'enfance ; (b). Persistance, par l'habitude, de ces préjugés ; (c). L'attention fatigue l'esprit ; (d). Le langage n'exprime pas toujours exactement nos pensées. — 4° (Paragr. 75-76). Nous devons préférer l'autorité divine à nos raisonnements.

MALEBRANCHE

(1638-1715).

Dire quelques mots de la vie de Malebranche ? — Né à *Paris*, 1638 ; son père était secrétaire du roi. Malgré une constitution des plus délicates, il termina brillamment ses études à dix-huit ans au collège de la Marche. Il fit ensuite sa théologie en Sorbonne, et à vingt-trois ans entra dans l'ordre de l'Oratoire. — Ses premiers travaux s'appliquèrent à l'histoire et à la grammaire ; sa vocation philosophique se révéla brusquement par la lecture du *Traité de l'homme*, de Descartes, dès lors il ne s'occupa plus que de philosophie. En 1674, il publia son ouvrage *de la Recherche de la vérité*, qui eut successivement six éditions. Les opinions exposées dans cet ouvrage et dans quelques autres lui suscitèrent des controverses ardentes, avec Arnauld et Bossuet principalement. Il fut élu membre honoraire de l'Académie des sciences en 1699, il mourut en 1715.

Principaux ouvrages de Malebranche ? — *De la Recherche de la vérité*, 1674 ; — *Conversations métaphysiques et chrétiennes*, 1677 ; — *Traité de la nature et de la grâce*, 1680 ; — *Traité de Morale*, 1684 ;

— *Méditations métaphysiques et chrétiennes*, 1684; — *Entretiens sur la métaphysique et la religion*, 1688; — *Traité de l'amour de Dieu*, 1697; — *Entretiens d'un philosophe chrétien et d'un philosophe chinois sur la nature et l'existence de Dieu*, 1708; — *Réflexions sur la prémotion physique*, 1715.

Analyser rapidement la recherche de la vérité? — « Le sujet de cet ouvrage est la connaissance de l'homme, qui est la plus belle, la plus agréable, et la plus nécessaire de toutes nos connaissances » (*Préface* de Malebranche). L'idée qui domine l'ouvrage tout entier est celle-ci : Travailler sans cesse à se dégager du corps, et à élever notre âme au-dessus de la vie sensible, pour vivre de la vie de la raison, et nous unir intimement à Dieu. — Par là s'explique la division de la *Recherche* en 6 livres : 1° *Des sens*, première source d'erreur ; — 2° *De l'imagination*, seconde source d'erreur ; — 3° *De l'entendement, ou de l'esprit pur*, et de la nature des idées ; — 4° *Des inclinations, ou des mouvements naturels de l'esprit*, et de leur véritable fin ; — 5° *Des passions de l'âme* ; — 6° *De la méthode.*

Donner l'analyse du second livre ? — Le second livre de la *Recherche de la vérité* se partage en 3 parties : I. « Des causes physiques du dérèglement et des erreurs de l'imagination. » — II. « Applications de ces causes aux erreurs les plus générales de l'imagination, et des causes morales de ces erreurs ». — III. « De la communication contagieuse des imaginations fortes. »

Première partie. — Cinq chapitres : 1° (a) « Idée générale de l'imagination » ; (b) « Imagination active et imagination passive » ; (c) « Cause générale des changements qui arrivent à l'imagination. »

[2°, 3°, 4° Des rapports entre les divers changements dans les esprits animaux et dans les fibres du cerveau ; diverses sortes d'imagination.]

5° (a) « De la liaison des idées de l'esprit avec les traces du cerveau » ; (b) « de la liaison réciproque qui est entre ces traces » ; (c) « de la mémoire » ; (d) « des habitudes. »

Deuxième partie. — Huit chapitres : 1° (a) « De l'imagination des femmes » ; (b) de celle des hommes » ; (c) « de celle des vieillards. » — 2° « Que les esprits animaux vont d'ordinaire dans les traces des idées qui nous sont les plus familières, ce qui fait qu'on ne juge point sainement des choses. » — 3° (a) « Que les personnes d'étude sont les plus sujettes à l'erreur », (b) « Raisons pour lesquelles on aime mieux suivre l'autorité que de faire usage de son esprit. » — 4° « Des mauvais effets de la lecture sur l'imagination. » — 5° « Que les personnes d'étude s'entêtent ordinairement de quelque auteur, de sorte que leur but principal est de savoir ce qu'il a cru sans se soucier de ce qu'il faut croire. » — 6° « De la préoccupation des commentateurs. » — 7° (a) « Des inventeurs de nouveaux systèmes » (b) « dernière erreur des personnes d'étude. » — 8° (a) « Des esprits efféminés », (b) « des esprits superficiels », (c) « des personnes d'autorité », (d) « de ceux qui font des expériences. »

Troisième partie. — Six chapitres : 1° (a) « De la disposition que nous avons à imiter les autres en toutes choses, laquelle est l'origine de la communication des erreurs qui dépendent de la puissance de l'imagination » ; (b) « deux causes principales qui augmentent cette disposition » ; (c) « ce que c'est qu'imagination forte » ; (d) « qu'il y en a de plusieurs sortes. Des fous et de ceux qui ont l'imagination forte dans le sens qu'on l'entend ici » ; (e) « deux défauts considérables de ceux qui ont l'imagination forte » ; (f) « de la puissance qu'ils ont de persuader et d'imposer. » — 2° « Exemples généraux de la force de l'imagination. » 3° (a) « De la force de l'imagination de certains auteurs », (b) « de Tertullien. » — 4° « De l'imagination de Senèque. » — 5° « Du livre de Montaigne. » — 6° (a) « Des sorciers par imagination, et des loups-garous » ; (b) « conclusion des deux premiers livres » (1).

On voit à plein, dans tout ce second

---

1. Les titres de ces chapitres sont assez détaillés pour que nous ne croyions pas devoir, en outre, donner de chacun une analyse spéciale.

livre, le vice fondamental de la doctrine de Malebranche : sa psychologie méconnaît l'activité propre à l'être humain et son explication de l'imagination et de la mémoire est presque aussi mécaniste que la physiologie. C'est, du reste, le reproche qu'on peut adresser à la doctrine cartésienne, en général.

PASCAL

(1623-1662)

Biographie de Pascal? — Blaise Pascal, né à *Clermont-Ferrand*, 1623 ; son père Etienne Pascal, président à la Cour des aides, était grand mathématicien; il tenait chez lui des réunions de savants, qui furent le berceau de l'Académie des Sciences. Il vint à Paris, pour y faire donner à son fils l'éducation que réclamait son étonnante et précoce intelligence. Blaise, en effet, compose à onze ans un *Traité des sections coniques* ; à douze ans, sans livres (son père les lui défendait), il retrouve tout seul, avec *des barres et des ronds*, la géométrie jusqu'à la 32e proposition d'Euclide ; à dix-huit, il construit sa machine arithmétique, et bientôt après, il pose les bases du calcul des probabilités, et entrevoit le calcul différentiel et intégral. Ses découvertes ne sont pas moins étonnantes en *Physique* (expériences barométriques, 1646-1648, au Puy-de-Dôme et sur la Tour Saint-Jacques). Il publie en 1647 ses *Expériences touchant le vide*, en 1648, son *Traité de l'équilibre des liqueurs* ; il invente la brouette.

D'une piété ardente, lié avec les *Jansénistes*, il se mêla à leurs querelles, et les défendit contre les Jésuites (Provinciales, 1656-1657) ; depuis 1654 (accident du pont de Neuilly), il vivait à Port-Royal. Au milieu des souffrances de la maladie, qu'il avait connues dès sa jeunesse, mais qui étaient devenues de plus en plus vives, et ne lui laissaient plus un instant de répit, il travailla à un grand ouvrage qui devait être une apologie de la religion chrétienne ; la mort (1662) l'empêcha de l'achever. Les matériaux de cet ouvrage, notes éparses, recueillies par ses amis, forment les *Pensées.*

Quels sont lés ouvrages de Pascal ? — *Traité des sections coniques*, 1634 (en latin) ; — *Expériences touchant le vide*, 1647 ; — *Traité de l'Equilibre des liqueurs*, 1648 ; — *Traité de la roulette.* — *De l'autorité en matière de philosophie*, 1648-1651 (préface d'un *Traité du vide*, inachevé) ; — *Discours sur les passions de l'amour*, 1653 ; — *De l'esprit géométrique*, 1655 ; — *Lettres provinciales*, 1656-1657.

I. — **Analyser** l'*Autorité en matière de philosophie?* — Le titre n'est pas de Pascal, mais des Editeurs de Port-Royal ; il est arbitraire, car il n'y est question que des sciences.

Pascal distingue deux sortes de sciences : 1° *Sciences de faits* (histoire, géographie, langues, qui reposent sur le *témoignage humain*; — théologie, qui repose sur la *parole divine*) ; — 2° *Sciences de raisonnement* (mathématiques, musique, physique, médecine « *qui tombent sous le sens ou le raisonnement* »). — Pour les premières, il faut s'en remettre à l'autorité, pour les secondes « l'autorité est inutile, et la raison seule » est juge. Le raisonnement est avec l'expérience, l'instrument de *progrès* des sciences : l'autorité des anciens ne doit donc pas nous empêcher d'avoir, sur les matières dont ils ont traité, des opinions nouvelles. Le raisonnement est dangereux en théologie, où l'on ne peut prétendre à « produire des nouveautés » ;

elle repose exclusivement sur l'autorité, sur l'écriture et les Pères. — L'inspiration cartésienne est partout dans cet opuscule. Bacon, d'ailleurs, avant Descartes, avait distingué nettement l'autorité, de la raison.

II. — **Analyser** l'*Esprit géométrique?* — Cet opuscule se compose de deux fragments : A. ***Réflexions sur la géométrie en général.*** « La méthode la plus parfaite consisterait à définir tous les termes, et à prouver toutes les propositions ; mais elle est absolument impossible » : on ne saurait en effet définir ni prouver les notions qui apparaissent à l'esprit avec une entière évidence. La géométrie nous fait connaître non les choses en elles-mêmes, mais leurs propriétés essentielles, surtout « les deux infinités, de grandeur et de petitesse. » — B. *De l'art de persuader.* « Il y a deux entrées par où les opinions sont reçues dans l'âme, l'entendement et le volonté. » La plus noble et la première, mais la plus ordinaire est la seconde. Or, « les choses établies sur des vérités connues sont en même temps contraires aux plaisirs qui nous touchent le plus. » Donc l'*art de persuader* comporte uue double méthode : *agréer, convaincre.* Pascal laisse de côté l'art de plaire ou d'agréer, pour lequel il n'y a point de règles; quant à l'art de convaincre, il est une méthode comportant trois règles essentielles : 1° *Définir* très clairement tous les termes un peu obscurs. — 2° Les *axiomes* doivent être parfaitement évidents. — 3° Faire reposer les *démonstrations* sur des axiomes absolument certains; substituer toujours mentalement les définitions aux définis.

(Ces deux opuscules sont inachevés).

III. — **Analyser** *l'Entretien avec M. de Sacy?* — Le texte n'est probablement pas de Pascal; il semble être dû à Fontaine, le secrétaire de M. de Sacy. C'est la reproduction d'une conversation que Pascal eut en 1654 avec M. de Sacy, directeur de Port-Royal; il venait, sur les conseils de son confesseur, M. Singlin, de se retirer dans cette pieuse maison.

Dès les premiers mots, l'entretien s'engage sur les philosophes profanes, et comme Pascal avait beaucoup lu Epictète et Montaigne, il est naturellement amené à dire son avis sur eux. — Epictète enseigne excellemment le détachement du monde, la résolution en face de la mort; mais sa raison, si forte, est une raison orgueilleuse, et « il se perd dans la présomption de ce que l'on peut. » — Montaigne s'oppose admirablement à cette philosophie fière et superbe; il excelle à ravaler l'orgueil de l'homme. Donc ils se corrigent l'un l'autre, le premier s'attachant à montrer la *grandeur* de l'homme, l'autre se plaisant à peindre sa *petitesse.*

M. de Sacy s'étonne de la complaisance de Pascal pour Montaigne ; c'est que, lui répond son interlocuteur, grâce à lui « la superbe raison est invinciblement froissée par ses propres armes » ; mais il a tort de conclure de son doute qu'il faut se reposer dans l'ignorance et l'incuriosité. — Faut-il donc essayer de le concilier avec Epictète? Les deux doctrines sont inconciliables; seule la religion chrétienne peut résoudre l'énigme de la nature humaine, et concilier sa faiblesse et sa grandeur : la *faiblesse* vient de la *chute originelle*, et la *grandeur* de la *grâce*.

Cet Entretien est surtout intéressant parce qu'il renferme l'idée maîtresse, et peut-être même le plan des *Pensées*.

LEIBNITZ

(1646-1716)

Que savez-vous sur Leibnitz?

— Né à Leipsick en 1646, fils d'un professeur de morale à l'Université de cette ville. Il lut beaucoup et de très-bonne heure, sans autre guide que sa curiosité ; d'abord les anciens, puis les scolastiques, enfin les modernes, Keppler, Galilée, Bacon, Descartes. Il étudie avec le même succès la philosophie, les mathématiques, le droit, aux universités de Leipsick, d'Iéna, d'Altdorf (Bavière).

Sa vie peut se partager en trois périodes :

1° 1667-1672. *Etudes et premiers travaux.*

En 1697, il fait la connaissance du baron de Boinebourg, qui le fait nommer, en 1667, conseiller à la Cour de l'Electeur de Mayence. En 1668-1669, il donne sa théorie déjà définitive du mouvement, dans deux opuscules dédiés l'un à l'Académie des Sciences de Paris, l'autre à la Société royale de Londres.

L'étude de la question de la transsubstantiation l'amène à donner les traits principaux de sa théorie de la substance, d'où doit sortir la théorie des Monades. C'est sur ce sujet, à la fois théologique et philosophique, que roule sa correspondance avec Arnauld 1671.

2° 1672-1676. *Voyages.* — En 1672, Leibnitz est chargé d'une mission diplomatique à Paris, pour décider Louis XIV à faire la conquête de l'Égypte; il échoue, mais reste à Paris jusqu'en 1676 (sauf les trois premiers mois de 1673 qu'il passe à Londres), entrant en relations avec Arnauld,

Huyghens, Malebranche. En 1676, lutte avec Newton, au sujet de la priorité dans la découverte du calcul différentiel ; il y avait simple coïncidence, la découverte étant amplement préparée par les travaux des géomètres antérieurs ; mais la Société Royale, prise pour juge par Leibnitz, se déclara en faveur de Newton.

3° 1676-1716. *Composition des grands travaux de Leibnitz.* — Le baron de Boinebourg et l'Electeur de Mayence étant morts, Leibnitz rentre dans la vie privée, et accepte la place de Conservateur de la Bibliothèque de Hanovre, que lui offrit aussitôt le Duc de Brunswick-Lunebourg (1676). — Négociations avec Bossuet (1678-1683) pour tenter une conciliation des deux Eglises catholique et réformée, tentative qui l'occupa de 1673 à 1693. — Chargé par le duc de Brunswick d'écrire l'histoire de sa maison, il voyagea en Allemagne et en Italie (1687-1690) pour recueillir les documents. La publication, assez avancée en 1711, resta inachevée. — En 1696, l'Académie des sciences de Paris élut Leibnitz comme associé étranger. — En 1700, voulant contribuer à la grandeur et à la prospérité de l'Allemagne, il propose à l'Electeur de Brandebourg (plus tard Frédéric II), le plan d'une Société des Sciences à fonder à Berlin ; la Société fut fondée, et devint l'Académie des Sciences en 1744. — En 1711, relations avec le tzar Pierre-le-Grand, auquel il proposa tout un plan d'organisation pour la Russie. Il est appelé à Vienne par l'empereur, qui a besoin de ses conseils; c'est là qu'il voit le prince Eugène de Savoie, auquel il devait dédier la Monadologie.

Il revient à Hanovre, 1714, et voit diminuer son crédit; ses amis meurent ou s'éloignent, et il meurt triste et isolé en 1716.

Quels sont les principaux ouvrages de Leibnitz? — *Système nouveau de la nature et de la communication des substances*... etc., 1695; — *Nouveaux essais sur l'entendement humain*, 1703; — *Théodicée*, 1710; — *Monadologie* et *Traité de la Nature et de la grâce*, 1714.

Quel est le sujet des nouveaux Essais? — C'est une discussion étendue, sous forme de dialogue, de l'*Essai* de Locke ; Philalèthe est l'avocat des idées de Locke, Théophile le réfute et développe la théorie de Leibnitz. — L'ouvrage est partagé en 4 livres, précédé d'un avant-propos. Liv. I, *Des notions innées* ; Liv. II, *Des idées* ; Liv. III, *Des mots* ; Liv. IV, *De la connaissance*. — Le plan est celui même de *l'Essai sur l'entendement* ; Leibnitz n'y a rien changé. Locke étant mort en 1704, Leibnitz ne voulut pas publier les *Nouveaux Essais*, et attaquer publiquement un adversaire qui ne pouvait plus répondre ; ils parurent seulement en 1766.

Analyser l'avant-propos des *Nouveaux Essais* ? — Les points principaux de discussion indiqués par Leibnitz sont ceux-ci : 1° Locke prétend que l'âme est à l'origine une *table rase* ; mais les sens ne peuvent rendre compte des vérités nécessaires et universelles, d'ailleurs Locke admet, outre les données de l'expérience, la réflexion, c'est donc qu'il y a en nous quelque chose d'inné ; 2° la thèse de Locke est insoutenable, en outre, parce que l'âme pense toujours ; nous n'apercevons pas, il est vrai, toutes nos pensées, parce que nous avons « de petites perceptions » qui ne tombent pas sous la conscience ; par là s'explique que nous puissions avoir des idées innées, lesquelles ne sont que des « virtualités naturelles » ; 3° non seulement l'âme pense continuellement dans la vie actuelle, non seulement elle pensera toujours (immortalité), mais elle a pensé de toute éternité, car son essence même est la perception continue. Par là s'explique dans la nature le *principe de continuité* et celui des *indiscernables*; 4° la loi de continuité veut que l'univers soit plein. Locke a eu tort de croire que le vide est nécessaire au mouvement; il a tort de considérer aussi l'attraction newtonienne comme un effet de la puissance absolue de Dieu, au lieu de voir dans tous les mouvements du monde physique un attribut essentiel de la matière; 5° Lcoke n'a pas moins tort de dire que, par l'effet même de cette puissance, la matière pourrait penser. L'immortalité n'étant plus essentielle à l'âme, en effet, son immortalité, qui en est une conséquence, ne serait plus naturelle, mais due à un miracle ce qui est bien « peu avantageux à la religion et à la morale. »

I. — **Analyser le premier livre des** ***Nouveaux Essais?*** — On y retrouve la plupart des idées indiquées dans l'avant-propos. — Ch. I : *S'il y a des principes innés dans l'esprit de l'homme.* Distinction des vérités particulières dues à l'expérience, et des vérités nécessaires dues à l'entendement, lesquelles sont des dispositions primitives, des préformations, nécessaires à la pensée « comme les muscles et les tendons le sont pour marcher, quoiqu'on n'y pense point. » — Ch. II. *Qu'il n'y a point de principes de pratique qui soient innés.* Leibnitz distingue, dans les vérités innées, celles qui nous sont fournies *par instinct*, et celles qui nous sont données *par lumière* (c'est-à-dire dont nous pouvons donner la preuve): les principes de pratique ne sont pas purement instinctifs « car je tiens, dit Leibnitz, qu'on peut et qu'on doit les prouver. » — Ch. III. *Autres considérations touchant les principes innés, tant ceux qui regardent la spéculation que ceux qui appartiennent à la pratique.* On peut avoir des idées sans y penser, ce sont des « habitudes naturelles », des « dispositions et aptitudes » (perceptions insensibles) ; c'est à nous à réfléchir pour découvrir en nous ces notions cachées. Des idées de Dieu, de vertu, de substance ; qu'elles sont innées.

II. — Analyse de la ***Monadologie?***
— La Monadologie, écrite en français en 1714, pour le prince Eugène de Sa-

voie, comprend le résumé de toute la philosophie de Leibnitz. La doctrine dynamiste de Leibnitz s'oppose au dualisme de Descartes ; au lieu de deux substances, étendue et pensée, Leibnitz n'en admet qu'une, la force : le mécanisme et la création *ex nihilo*, par la toute-puissance, sont par là écartées.

On peut diviser la Monadologie en 3 sections :

I. — De la nature et des degrés de perfection des monades (paragr. 1-36).

A. — Nature des monades (a) : au point de vue externe, elles sont simples, inétendues, indivisibles, ne peuvent ni commencer, ni finir naturellement, fermées les unes aux autres (1-7) ; — (b) au point de vue interne, elles sont douées de *perception* (représentation), et d'*appétition* (tendance active) (8-17).

B. — Degrés de perfection des monades : (a) Monades pures et simples ou *entéléchies* ; elles ont la perception et l'appétition au degré le plus humble (plantes) (18-24) ; — (b) Monades douées de mémoire et de consécutions empiriques, ou *âmes* (animaux). (25-28) ;— (c) Monades douées en outre de raison, ou *esprits* (homme). Théorie de la raison : principe de *contradiction* (possible), principe de *raison suffisante* (réel) (29-36).

II. — De Dieu (paragr. 37-48).

A. — Existence de Dieu : (a) Preuve *a posteriori* : il faut une *raison suffisante* aux existences contingentes (37-42) ; — (b) Première preuve *a priori* : il faut une source aux possibles, et aux vérités éternelles (43-44) ; — (c) Seconde preuve *a priori* : si l'existence de Dieu n'implique pas contradiction, il est (45).

B. — Attributs de Dieu (a) : Subordination en Dieu de la volonté à l'entendement, d'après le principe de la *convenance* ou du *meilleur* (46) ; — (b) « Toutes les monades créées naissent par des fulgurations continuelles de la Divinité » (47) ; — (c) Les attributs de Dieu sont la *puissance*, la *connaissance*, la *volonté* (48).

III. — Rapports des monades créées et de Dieu (parag. 49-90).

A. — De l'*harmonie préétablie.* Pas d'influence réelle des monades les unes sur les autres : les perceptions des monades correspondent les unes aux autres en vertu d'une « intervention de Dieu », d'une *harmonie préétablie* (49-52).

B. — De l'*optimisme*. Dieu, en formant cet univers, a choisi, entre les mondes possibles, le meilleur (53-56). — Conséquences de cet ordre préétabli des choses : « Chaque substance simple a des rapports qui expriment toutes les autres » (56-60).

C. — Des éléments constitutifs des êtres en général : un *corps* (composé de monades) qui représente mécaniquement l'univers, et une *monade* (simple) qui représente le corps, et par lui l'univers (61-62).

D. — Les trois règnes de la nature : (a) les simples *vivants* (corps et entéléchie), (63) ; — (b) les *animaux* (corps et âme) : l'âme agit suivant les *causes finales*, le corps suivant les *causes efficientes* (63-81); — (c) les *esprits*, qui représentent l'univers et Dieu, et forment la *cité de Dieu* ; monde moral, ou règne de la grâce, en harmonie avec le monde naturel, ou règne de la nature (82-90).

Condillac
(1715-1780).

Principaux traits de la vie de Condillac? Ses principaux ouvrages? — Étienne Bonnot, abbé de Condillac, né à *Grenoble*, 1715. Enfance délicate, études tardives. Son frère aîné, l'abbé de Mably, l'emmène à Paris, et le fait entrer dans les ordres ; il n'exerça jamais ses fonctions ecclésiastiques, se lia avec Rousseau, Helvétius, Diderot, et se livra tout entier aux lettres et à la philosophie. La lecture des *Essais* de Locke lui inspira l'*Essai sur l'origine des connaissances humaines*, 1746, et le *Traité des systèmes* 1749 ; — le *Traité des sensations*, 1754 ; — le *Traité des animaux*, 1755, réponse aux critiques de Buffon contre le Traité des sensations. — En 1757, il devint le précepteur du jeune duc de Parme, petit-fils de Louis XV. En 1768, il entre à l'Académie française ; — publia le *Cours d'Études* composé pour son élève (1769-1773), refusa la charge de précepteur des enfants du Dauphin, et mourut en 1780, l'année où il publia son dernier ouvrage, la *Logique*.

Qu'est-ce que le Traité des sensations ? — L'objet de cet ouvrage est celui-ci : prouver que toutes nos connaissances et toutes nos facultés viennent des sensations. Condillac essaie de prouver la possibilité de cette psychologie, imaginant une statue douée d'un esprit qui n'est qu'une table rase, qu'une réceptivité pure, et dont tous les sens s'éveillent successivement, en commençant par l'odorat. — L'ouvrage renferme quatre parties : 1° « Des sens qui par eux-mêmes ne jugent pas des objets extérieurs » ; — 2° « Du toucher, ou du seul sens qui juge par lui-même des objets extérieurs » ; — 3° « Comment le toucher apprend aux autres sens à juger des objets extérieurs »; — 4° « Des besoins, des idées, et de l'industrie d'un homme isolé qui jouit de tous ses sens. »

Analyser la première partie? — On peut la diviser en deux sections : 1° chap. 1-7. Du sens de l'odorat; — 2° chap. 8-12. De l'ouïe, du goût, de la vue.

1re *Section.* — Chap. I. « Des connaissances de l'homme borné au sens de l'odorat ». Sa statue s'aperçoit d'abord et successivement, comme ses différentes odeurs. — Chap. II. « Des opérations de l'entendement dans un homme borné au sens de l'odorat, et comment les différents degrés de plaisir et de peine sont le principe de ces opérations ». Condillac montre comment l'*attention*, la *mémoire*, là *comparaison*, le *jugement*, la *distinction* entre nos manières d'être, l'*ordre* (association), le *désir*, l'*imagination*, le *discernement*, sont autant d'habitudes dérivées des sensations primitives (plaisir et douleur). — Chap. III. « Des désirs, des passions, de la volonté ». Le besoin engendre le *désir*, lequel devient *passion* par sa vivacité plus grande (amour et haine, espérance et crainte) ; le désir donne naissance aussi à la *volonté*, qui n'est qu'un désir exclusif. — Chap. IV. « Des idées. » Idées *générales* et *abstraites* que conserve la mémoire de la statue, idées *particulières*, et idées *générales*. Des idées de nombre, de possible, de durée (l'éternité n'est qu'une durée indéfinie). — Chap. V. « Du sommeil et des songes ». La cessation de la veille ne laisse plus d'activité qu'à deux facultés, la mémoire et l'imagination. L'absence de sensations actuelles dans le sommeil empêche que, au moment où nous songeons, nous distinguions le rêve de la veille. — Chap. VI. « Du moi ou de la personnalité ». La continuité de la mémoire est la personnalité. — Chap. VII. « Conclusion des chapitres précédents ». La sensation enveloppe toutes les facultés de l'âme. — Chap. VIII. « D'un homme borné au sens de l'ouïe ». Distinction des *bruits* et des *sons* : les sons sont caractérisés en ce qu'ils donnent à la statue des plaisirs. — Chap. IX. « De l'odorat et de l'ouïe réunis ». Les odeurs et les saveurs réunies ne donneront pas à l'âme la notion d'extériorité ; elles ne sont instructives qu'autant qu'elles sont connues séparément et distinguées. — Chap. X. « Du goût seul, et du goût joint à l'odorat et à l'ouïe ». Les sensations du goût sont plus vives que celles de l'odorat et de l'ouïe, donc plus nécessaires à la vie ; leur distinction d'avec celles de l'ouïe et de l'odorat étend le nombre des désirs et des idées. — Chap. XI. « D'un homme borné au sens de la vue ». La vue ne nous donne pas la notion d'espace ; elle ne voit que de la lumière et des couleurs, avec l'étendue a deux dimensions : le *lieu*, la *figure*, la *situation* ne nous sont donnés que par le tact. — Chap. XII. « De la vue avec l'odorat, l'ouïe et le goût ». Les données de ces sens réunies augmentent le nombre des idées de la statue, mais « elle ne soupçonne pas qu'elle doive ces manières d'être à des causes étrangères. »

V. Cousin

(1792-1867).

Que savez-vous de la vie de V. Cousin? — Né à Paris, 28 novembre 1792. Fit de belles études au Collége Charlemagne, entra à l'Ecole normale en 1811 ; Répétiteur de grec en 1813, Maître de conférences de philosophie en 1814; suppléant de Royer-Collard dans sa chaire de la Sorbonne en 1815. Voyage en Allemagne en 1817. Le pouvoir l'oblige à cesser son cours en 1820; traduit alors Platon, édite Descartes. Second voyage en Allemagne, 1824; emprisonné à Berlin comme carbonaro. — Reprend la parole dans sa chaire en 1828. Après 1830, il devient conseiller d'Etat, membre du Conseil de l'Instruction Publique, de l'Académie Française, pair de France, Directeur de l'École normale. Ministre de l'Instruction publique en 1840. Après 1848, quitte la vie publique, et consacre ses dernières années à des études littéraires sur le XVIIe siècle.

Principaux ouvrages de V. Cousin? — Introduction à l'*Histoire de la philosophie* (cours de 1828) : c'est comme la philosophie de l'histoire de Cousin; — *Histoire générale de la philosophie*; — *Philoso-*

phie sensualiste du XVIIIe siècle (cours de 1829) ; — *La philosophie de Locke* ; — *Philosophie écossaise* ; — *Philosophie de Kant* ; — *Fragments philosophiques* ; — *Du vrai, du beau, du bien*, 1853, qui est le résumé complet de toute sa philosophie.

Idée générale de l'ouvrage *Du vrai, du beau et du bien?* — Le livre comprend trois parties, comme le titre l'indique, et dix-huit leçons. L'auteur cherche à prouver que Dieu est à la fois la source de toute vérité, de toute beauté, de toute moralité.

Analyser la 3e partie : Du bien? — Elle renferme toute la morale de Cousin. Elle se compose de six chapitres; le 7e n'est que la conclusion du livre tout entier.

1° « Premières notions morales fournies par le sens commun » : idées de *désintéressement*, de *dévouement*, de *liberté*, d'*estime* et de *mépris*, de *respect*, d'*admiration*, d'*indignation*, de *remords* et de *repentir*. — Toutes ces notions impliquent « la distinction essentielle du bien et du mal. » — 2° « De la morale de l'intérêt. » Morale sensualiste. Elle a raison contre la rigueur excessive de la morale stoïcienne, en montrant que le bonheur est un mobile de conduite très légitime ; mais elle est en contradiction avec des notions morales non moins fondamentales à la nature : *liberté*, *distinction du bien et du mal*, *devoir* et *obligation*, *droit*, *mérite* et *démérite*, *croyance à la vie future* ; enfin ses conséquences politiques sont le despotisme. — 3° « Autres principes défectueux. » (a) Morale du sentiment ; a le tort de prendre la conséquence pour le principe, et de ne pas voir que le sentiment suppose l'idée du bien; donc ne peut la fonder ; (b) Morale de l'intérêt général ; a ceci de bon qu'elle porte au désintéressement ; mais elle peut conduire au fanatisme ; (c) Morale de la libre volonté de Dieu. Sans doute, Dieu est le principe de la morale ; mais sa volonté n'est pas indépendante de son entendement, qui lui montre le bien dans son essence immuable. — 4° « Vrais principes de la morale. » Ces systèmes incomplets manquent des vérités morales, essentielles, qu'il faut recueillir et réunir en un corps de doctrine : *Jugement du bien et du mal, obligation, liberté, mérite et démérite*; valeur vraie du sentiment en morale; harmonie de toutes ces idées dans la nature et dans la science. — 5° « Morale privée et publique. » L'*universalité* (motif érigé en règle universelle, Kant), est le caractère du principe sur lequel doivent reposer la morale individuelle et la morale sociale. — Morale individuelle; devoirs envers soi-même, comme personne morale. Morale sociale; devoirs de justice, et devoirs de charité. Société civile, garantie par un gouvernement impartial et désintéressé. — Du droit positif. — 6° « Dieu, principe de l'idée du bien. » En effet, le bien est *absolu*; Dieu est donc la personne morale par excellence; il est une Providence (les désordres du monde sont tout apparents), et la croyance à la réalisation complète de la justice fonde la croyance à l'immortalité de l'âme. A un tel Dieu, nous devons respect et amour; et ainsi la philosophie conduit jusqu'à la théologie.

7° « Résumé de la doctrine. » Comment les écoles précédentes (Condillac, Ecossais, Kant), ont compris le Vrai, le Beau, le Bien ; discussion. Le Vrai, le Beau, le Bien, sont les manifestations diverses de Dieu, source de tout ce qui est.

Imp. de l'Ouest, A. NÉZAN, Mayenne.

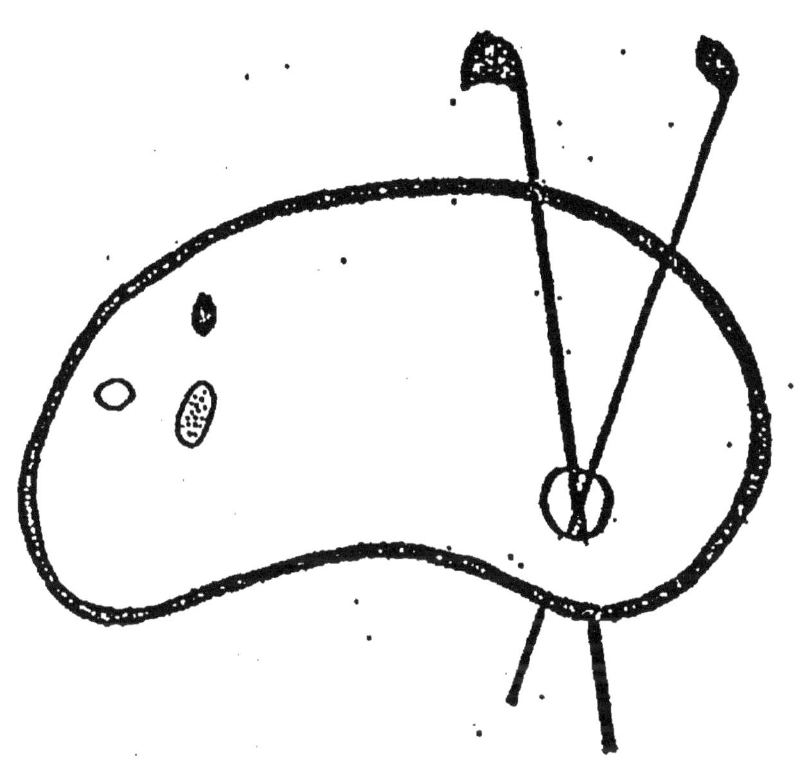

Compositions scientifiques

DONNÉES A LA SORBONNE DEPUIS 1882, AUX EXAMENS DU BACCALAURÉAT ÈS LETTRES

Elles se trouvent avec des **développements** ou des **plans**, dans les feuilles lithographiées publiées pendant chaque session. On peut se procurer les sessions complètes aux prix indiqués, page 4 de la couverture.

PH. ANDRÉ. **Nouveau cours d'Arithmétique**, in-8, de 352 pages . . . . . 4 »

PH. ANDRÉ. **Exercices d'Arithmétique**. Enoncés et solutions, in-8, de 355 p. 5 »

H. SIGNOL. **Traité d'Arithmétique**, in-8, de 336 pages. . . . . 4 »

J. COLLIN, **Traité d'Algèbre élémentaire**, in-8 de 316 pages . . . . 5 »

R. P. SAUSSIÉ. **Algèbre élémentaire**, in-8 de 275 pages . . . . 5 »

PH. ANDRÉ. **Nouveau cours complet d'Algèbre élémentaire**, in-8 de 356 p. 4 »

PH. ANDRÉ. **Exercices d'Algèbre**. Enoncés et solutions, in-8 de 376 pages . . 6 »

H. SIGNOL. **Traité d'Algèbre élémentaire**, in-8, de 328 pages 4 50

PH. ANDRÉ. **Nouveau cours de Géométrie**, in-12 de 496 pages . . . . . . 4 »

PH. ANDRÉ. **Exercices de Géométrie** Enoncés et solutions, in-8, de 417 pages. 6 »

LORQUET, **Anatomie et physiologie de l'homme et des animaux**, in-8. 2 »

LORQUET, **Botanique**, in-8. . . . . 2 »

Questionnaire de la Sorbonne, histoire contemporaine, par VAREMBEY et OVRÉE, in-12 . . . . 1 50

www.ingramcontent.com/pod-product-compliance
Ingram Content Group UK Ltd.
Pitfield, Milton Keynes, MK11 3LW, UK
UKHW012048240726
13965UKWH00003B/1133

9 782012 796416